Sing A Song Of France

Mary Thompson

Illustrated by David Meldrum

Chester Music Limited

(A division of Music Sales Ltd.)
8/9 Frith Street, London W1V 5TZ

Contents

Cover design by Chloë Alexander
Printed and bound in the United Kingdom by
Caligraving Limited, Thetford, Norfolk.

Order No. CH61526 ISBN 0-7119-7681-3

Frère Jacques

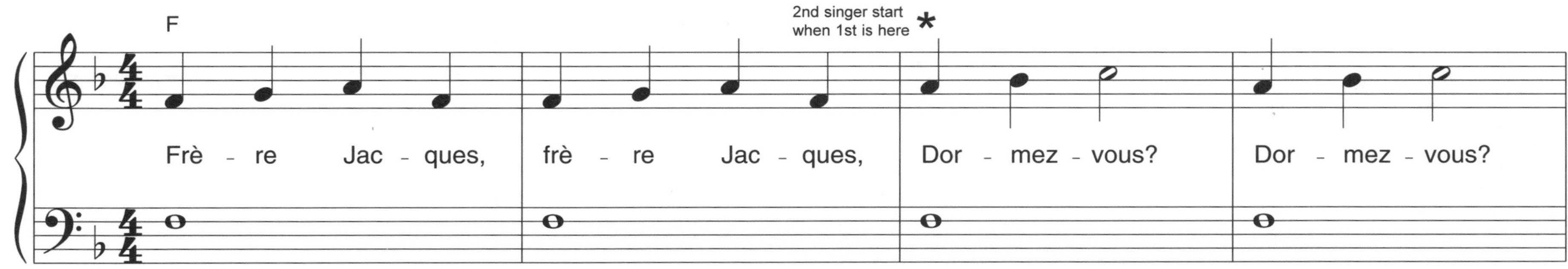

Frère Jacques, frère Jacques,
Dormez-vous? Dormez-vous?
Sonnez les matines,
Sonnez les matines,
Ding, dang, dong,
Ding, dang, dong.

You can sing this song as a round.

frère means *brother*
dormez-vous? means *are you sleeping?*

Le bon roi Dagobert

1. Le bon roi Dagobert
A mis sa culotte à l'envers.
Le grand saint Éloi
Lui dit: "Ô mon roi!
Votre Majesté
Est mal culottée."
"C'est vrai", lui dit le roi,
"Je vais la remettre à l'endroit."

roi means *king*
culotte means *trousers*
vrai means *true*

2. Le bon roi Dagobert
Fut mettre son bel habit vert.
Le grand saint Éloi
Lui dit: "Ô mon roi!
Votre habit paré
Au coude est percé."
"C'est vrai", lui dit le roi,
"Le tien est bon, prête-le moi."

3. Le bon roi Dagobert
Faisait peu sa barbe en hiver.
Le grand saint Éloi
Lui dit: "Ô mon roi!
Il faut du savon
Pour votre menton."
"C'est vrai", lui dit le roi,
"As-tu deux sous? Prête-les moi."

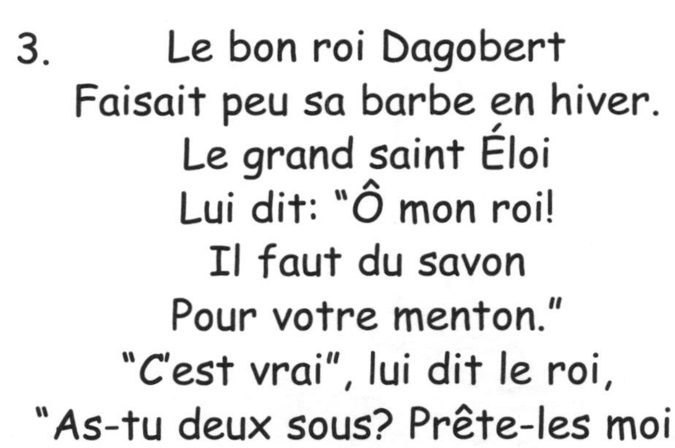

Maman, les p'tits bateaux

1. Maman, les p'tits bateaux
   Qui vont sur l'eau
   Ont-ils des jambes?
   Mais oui, mon gros bêta,
   S'ils n'en avaient pas,
   Ils n'march'raient pas.

   Allant droit devant eux...

2. Maman, les p'tits bateaux
   Qui vont sur l'eau
   Ont-ils des jambes?
   Mais non, mon gros bébé,
   S'ils en avaient,
   Ils marcheraient.

   Allant droit devant eux...

G
D
G
Al - lant droit de - vant eux, Ils font le tour du mon - de, Mais
G
D7
G
comm' la terre est ronde, Ils re - vien - nent chez eux.
Allant droit devant eux,
Ils font le tour du monde,
Mais comm' la terre est ronde,
Ils reviennent chez eux.
A child is asking his mother if the boats on the water have legs.
bateaux means boats
l'eau means the water
jambes means legs

A la claire fontaine

1. A la claire fontaine
M'en allant promener,
J'ai trouvé l'eau si belle
Que je m'y suis baignée.

Il y a longtemps que je t'aime,
Jamais je ne t'oublierai.

2. Sous les feuilles d'un chêne
Je me suis fait sécher
Sur la plus haute branche
Le rossignol chantait.

Il y a longtemps que je t'aime...

3. Chante, rossignol, chante,
Toi qui as le coeur gai,
Tu as le coeur à rire
Moi je l'ai à pleurer.

Il y a longtemps que je t'aime...

4. C'est pour mon ami Pierre
Qui ne veut plus m'aimer
Pour un bouton de rose
Que je lui refusai.

Il y a longtemps que je t'aime...

claire means *clear*
fontaine means *fountain*
les feuilles means *the leaves*
chante means *sing*
rossignol means *nightingale*

5. Je voudrais que la rose
Fût encore au rosier
Et que le rosier même
Fût encore à planter.

Il y a longtemps que je t'aime...

Alouette

G D G D G
A - lou - et - te, gen - tille a - lou - et - te, A - lou - et - te, je te plu - me - rai.
D G D
Je te plu - me - rai la tête, Je te plu - me - rai la tête, Et la tête, et la tête,
G
A - lou - ette, a - lou - ette, Ah! A - lou - et - te,
D G D G
gen - tille a - lou - et - te, A - lou - et - te, je te plu - me - rai.

Alouette, gentille alouette,
Alouette, je te plumerai.

1. Je te plumerai la tête,
Je te plumerai la tête,
Et la tête, et la tête,
Alouette, alouette,
Ah!
Alouette...

2. Je te plumerai le bec,
Je te plumerai le bec,
Et le bec, et le bec,
Alouette, alouette,
Ah!
Alouette...

3. Je te plumerai les yeux,
Je te plumerai les yeux,
Et les yeux, et les yeux,
Alouette, alouette,
Ah!
Alouette...

A la volette

F
C
F
C
F
Mon pe - tit oi - seau A pris sa vo - lée, Mon pe -
C
F
C
F
D7
- tit oi - seau A pris sa vo - lée, A pris sa, à la vo -
Em
C7
F
C7
F
- let - te, A pris sa, à la vo - let - te, A pris sa vo - lée.

1. Mon petit oiseau
A pris sa volée,
Mon petit oiseau
A pris sa volée,
A pris sa, à la volette,
A pris sa, à la volette,
A pris sa volée.

2. Est allé se mettre
Sur un oranger,
Est allé se mettre
Sur un oranger,
Sur un or, à la volette,
Sur un or, à la volette,
Sur un oranger.

3. La branche était sèche,
Elle s'est cassée,
La branche était sèche,
Elle s'est cassée,
Elle s'est, à la volette,
Elle s'est, à la volette,
Elle s'est cassée.

4. Mon petit oiseau,
Où es-tu blessé?
Mon petit oiseau,
Où es-tu blessé?
Où es-tu, à la volette,
Où es-tu, à la volette,
Où es-tu blessé?

5. Me suis cassé l'aile
Et tordu le pied,
Me suis cassé l'aile
Et tordu le pied,
Et tordu, à la volette,
Et tordu, à la volette,
Et tordu le pied.

6. Mon petit oiseau,
Veux-tu te soigner?
Mon petit oiseau,
Veux-tu te soigner?
Veux-tu te, à la volette,
Veux-tu te, à la volette,
Veux-tu te soigner?

7. Je veux me soigner
Et me marier,
Je veux me soigner
Et me marier,
Et me ma, à la volette,
Et me ma, à la volette,
Et me marier.

8. Me marier bien vite
Sur un oranger,
Me marier bien vite
Sur un oranger,
Sur un or, à la volette,
Sur un or, à la volette,
Sur un oranger.

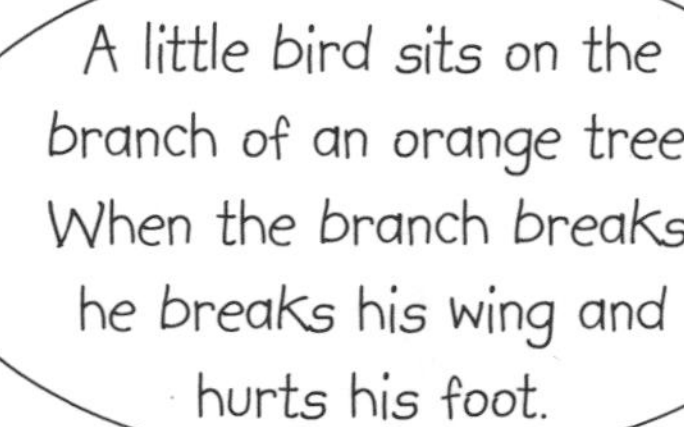

oiseau means *bird*
oranger means *orange tree*
cassée means *broken*
pied means *foot*

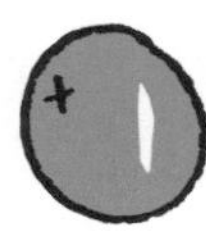

Au clair de la lune

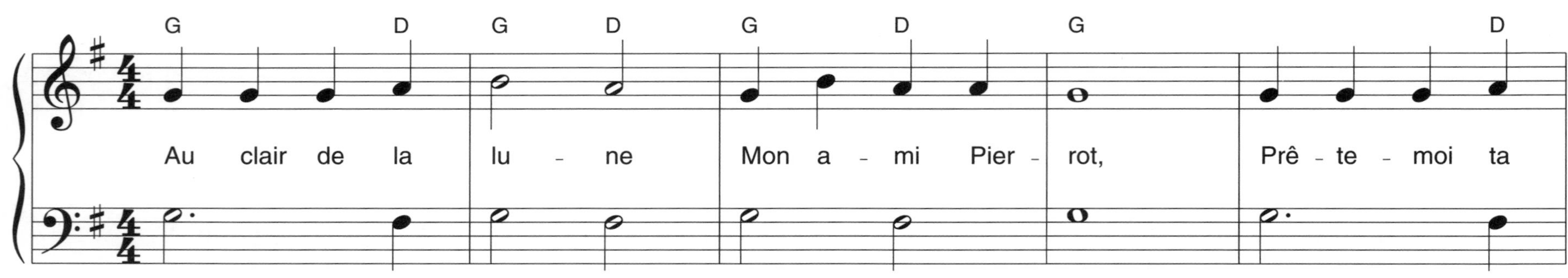

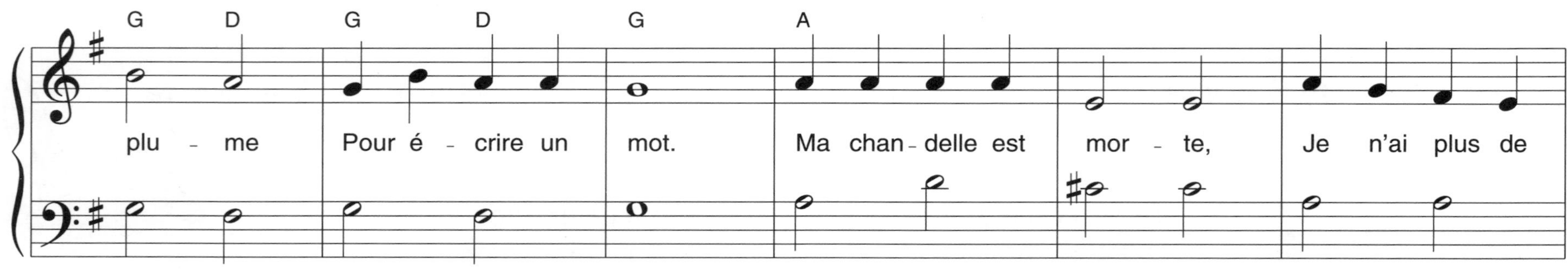

la lune means *the moon*
ami means *friend*

lit means *bed*
voisine means *neighbour*

1. Au clair de la lune
Mon ami Pierrot,
Prête-moi ta plume
Pour écrire un mot.
Ma chandelle est morte,
Je n'ai plus de feu.
Ouvre-moi ta porte,
Pour l'amour de Dieu!

2. Au clair de la lune
Pierrot répondit:
"Je n'ai pas de plume,
Je suis dans mon lit.
Va chez la voisine,
Je crois qu'elle y est,
Car dans sa cuisine
On bat le briquet."

Ainsi font, font, font

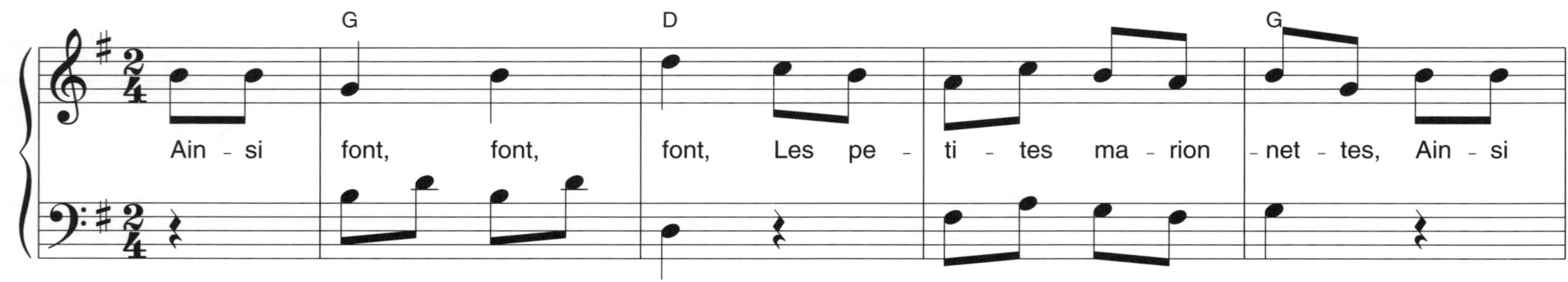

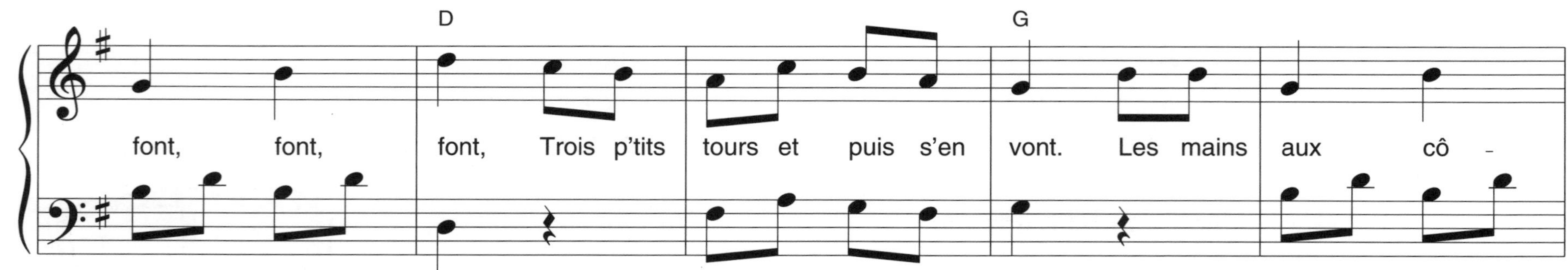

Ainsi font, font, font,
Les petites marionettes,
Ainsi font, font, font,
Trois p'tits tours et puis s'en vont.

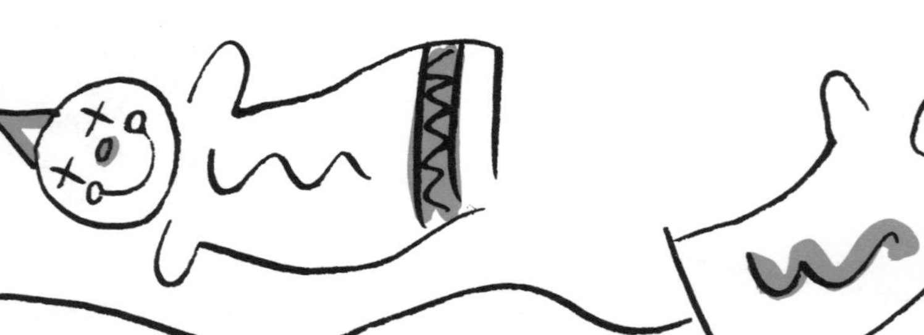

This is about puppets. As you sing, you lift your hands up and pretend they are puppets.

marionettes means *puppets*
sautez means *jump*

Les mains aux côtés,
Sautez, sautez, marionettes,
Les mains aux côtés,
Marionett's, recommencez.

Ainsi font, font, font...

Nous n'irons plus au bois

1. Nous n'irons plus au bois,
Les lauriers sont coupés.
La belle que voilà
La laiss'rons-nous danser?

Entrez dans la danse,
Voyez comme on danse,
Sautez, dansez,
Embrassez qui vous voudrez.

2. La belle que voilà,
La laiss'rons-nous danser?
Mais les lauriers du bois
Les laiss'rons-nous faner?

Entrez dans la danse...

3. Mais les lauriers du bois,
Les laiss'rons-nous faner?
Non, chacune à son tour
Ira les ramasser.

Entrez dans la danse...

4. Non, chacune à son tour
Ira les ramasser.
Si la cigale y dort,
Ne faut pas la blesser.

Entrez dans la danse...

5. Si la cigale y dort,
Ne faut pas la blesser.
Le chant du rossignol
La viendra réveiller.

Entrez dans la danse...

6. Le chant du rossignol
La viendra réveiller.
Et aussi la fauvette
Avec son doux gosier.

Entrez dans la danse...

7. Et aussi la fauvette
Avec son doux gosier.
Et Jeanne, la bergère,
Avec son blanc panier.

Entrez dans la danse...

8. Et Jeanne, la bergère,
Avec son blanc panier.
Allant cueillir la fraise
Et la fleur d'églantier.

Entrez dans la danse...

9. Allant cueillir la fraise
Et la fleur d'églantier;
Cigale, ma cigale,
Allons, il faut chanter.

Entrez dans la danse...

10. Cigale, ma cigale,
Allons, il faut chanter,
Car les lauriers du bois
Sont déjà repoussés.

Entrez dans la danse...

bois means *wood*
embrassez means *kiss*

En passant par la Lorraine

1. En passant par la Lorraine
Avec mes sabots,
En passant par la Lorraine
Avec mes sabots,
Rencontrai trois capitaines

Avec mes sabots, dondaine,
Oh! Oh! Oh!
Avec mes sabots!

2. Rencontrai trois capitaines
Avec mes sabots,
Rencontrai trois capitaines
Avec mes sabots,
Ils m'ont appelé' vilaine

Avec mes sabots, dondaine...

trois means *three*
capitaines means *captains*
vilaine means *ugly*
fils means *son*

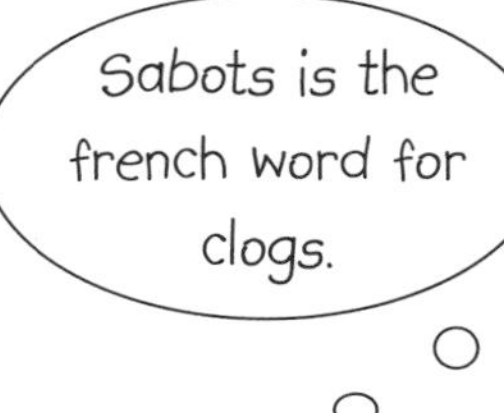

3. Ils m'ont appelé' vilaine
Avec mes sabots,
Ils m'ont appelé' vilaine
Avec mes sabots,
Je ne suis pas si vilaine

Avec mes sabots, dondaine...

4. Je ne suis pas si vilaine
Avec mes sabots,
Je ne suis pas si vilaine
Avec mes sabots,
Puisque le fils du roi m'aime

Avec mes sabots, dondaine...

5. Puisque le fils du roi m'aime
Avec mes sabots,
Puisque le fils du roi m'aime
Avec mes sabots,
Il m'a donné pour étrenne

Avec mes sabots, dondaine...

6. Il m'a donné pour étrenne
Avec mes sabots,
Il m'a donné pour étrenne
Avec mes sabots,
Un bouquet de marjolaine

Avec mes sabots, dondaine...

Une souris verte

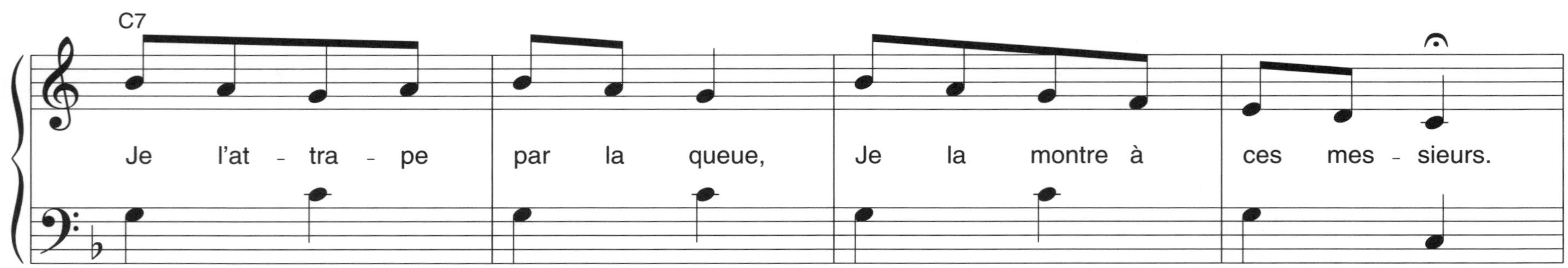

Une souris verte
Qui courait dans l'herbe
Je l'attrape par la queue,
Je la montre à ces messieurs.
Ces messieurs me disent:
Trempez-la dans l'huile,
Trempez-la dans l'eau,
Ça deviendra un escargot tout chaud,
Dans la rue Boileau,
Numéro zéro.

F
C7
F
C7
F
Ces mes - sieurs me di - sent: Trem - pez - la dans l'hui - le,
C7
F
C7
F
Gm
C
Trem - pez - la dans l'eau, Ça de - vien - dra un es - car - got tout
F
C
F
C
F
chaud, Dans la rue Boi - leau, Nu - mé - ro zé - ro.
Une souris verte is "a green mouse".
l'herbe means *the grass*
escargot means *snail*

Meunier, tu dors

Meunier, tu dors

Meunier, tu dors, ton moulin, ton moulin va trop vite,
Meunier, tu dors, ton moulin, ton moulin va trop fort.
Ton moulin, ton moulin va trop vite,
Ton moulin, ton moulin va trop fort.
Ton moulin, ton moulin va trop vite,
Ton moulin, ton moulin va trop fort.

meunier means *miller*
moulin means *mill*

trop vite means *too fast*
trop fort means *too hard*

Il était une bergère

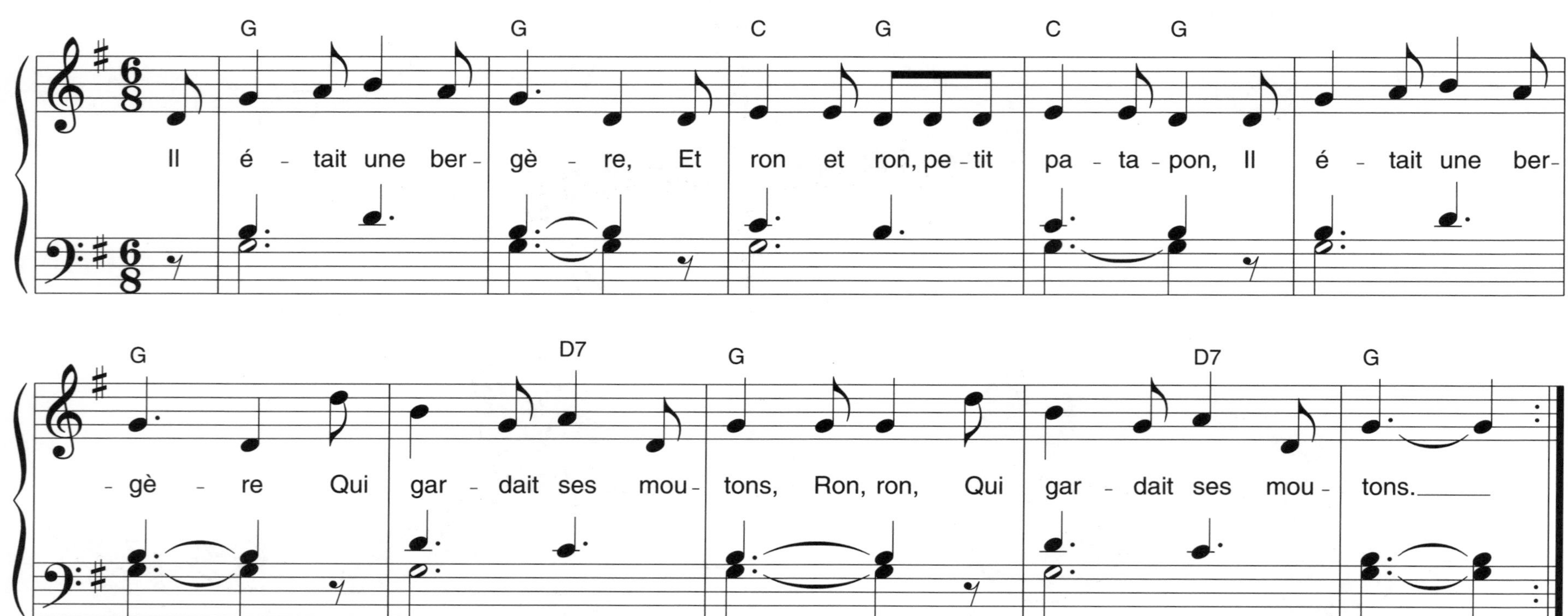

1. Il était une bergère,
Et ron et ron, petit patapon,
Il était une bergère
Qui gardait ses moutons,
Ron, ron,
Qui gardait ses moutons.

2. Elle fit un fromage
Et ron et ron, petit patapon,
Elle fit une fromage
Du lait de ses moutons,
Ron, ron,
Du lait de ses moutons.

3. Le chat qui la regarde
Et ron et ron, petit patapon,
Le chat qui la regarde
D'un petit air fripon,
Ron, ron,
D'un petit air fripon.

4. Si tu y mets la patte,
Et ron et ron, petit patapon,
Si tu y mets la patte
Tu auras du bâton,
Ron, ron,
Tu auras du bâton.

5. Il n'y mit pas la patte,
Et ron et ron, petit patapon,
Il n'y mit pas la patte
Mais y mit le menton,
Ron, ron,
Mais y mit le menton.

moutons means *sheep*
fromage means *cheese*
chat means *cat*
patte means *paw*
colère means *anger*

6. La bergère en colère
Et ron et ron, petit patapon,
La bergère en colère
Tua son p'tit chaton,
Ron, ron,
Tua son p'tit chaton.

7. Elle fut à confesse
Et ron et ron, petit patapon,
Elle fut à confesse
En demander pardon,
Ron, ron,
En demander pardon.

8. Mon père, je m'accuse
Et ron et ron, petit patapon,
Mon père, je m'accuse
D'avoir tué mon chaton,
Ron, ron,
D'avoir tué mon chaton.

9. Ma fill' pour pénitence
Et ron et ron, petit patapon,
Ma fill' pour pénitence
Nous nous embrasserons,
Ron, ron,
Nous nous embrasserons.

10. La pénitence est douce
Et ron et ron, petit patapon,
La pénitence est douce
Nous recommencerons,
Ron, ron,
Nous recommencerons.

Il court, il court, le furet

This is a party game. Everyone sits in a circle singing the song, while one person walks around them. This person is 'it'.

The person who is 'it' drops something (the ferret) behind one of the other children.

il court means *he runs*
furet means *ferret*
joli means *pretty*

That person has to chase the one who is 'it' around the circle until he catches him, or until the one who is 'it' finds a space. The other person then becomes 'it'.

Il court, il court, le furet,
Le furet du bois, Mesdames,
Il court, il court, le furet,
Le furet du bois joli.
Il est passé par ici,
Le furet du bois, Mesdames,
Il repassera par là,
Le furet du bois joli.

C'est la Mère Michel

1. C'est la Mère Michel qui a perdu son chat,
Qui crie par la fenêtre à qui le lui rendra.
C'est le Père Lustucru qui lui a répondu:
"Allez, la Mère Michel, vot' chat n'est pas perdu!"

Sur l'air du tralala,
Sur l'air du tralala,
Sur l'air du tradéridéra,
Tralala.

mère means *mother*
fenêtre means *window*

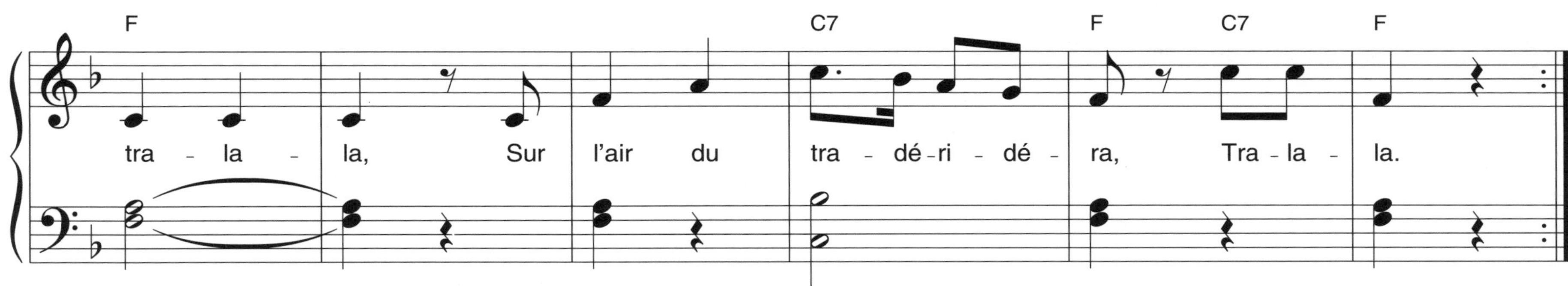

2. C'est la Mère Michel qui lui demandé,
"Mon chat n'est pas perdu, vous l'avez donc trouvé".
C'est le Père Lustucru qui lui a répondu,
"Donnez une récompense, il vous sera rendu".

Sur l'air du tralala...

3. C'est la Mère Michel qui dit "C'est décidé,
Rendez-moi donc mon chat, vous aurez un baiser".
Mais le Père Lustucru qui n'en a pas voulu
Lui dit "Pour un lapin, votre chat est vendu".

Sur l'air du tralala...

Cadet Rousselle

1. Cadet Rousselle a trois maisons,
Cadet Rousselle a trois maisons;
Qui n'ont ni poutres ni chevrons,
Qui n'ont ni poutres ni chevrons.
C'est pour loger les hirondelles
Que direz-vous d'Cadet Rousselle?

Ah! Ah! Ah! Oui vraiment,
Cadet Rousselle est bon enfant.

2. Cadet Rousselle a trois habits,
Cadet Rousselle a trois habits;
Deux jaunes, l'autres en papier gris,
Deux jaunes, l'autres en papier gris.
Il met celui-là quand il gèle,
Ou quand il pleut, ou quand il grêle.

Ah! Ah! Ah! Oui vraiment...

3. Cadet Rousselle a trois gros chiens,
Cadet Rousselle a trois gros chiens;
L'un court au lièvre, l'autre au lapin,
L'un court au lièvre, l'autre au lapin.
Le troisième s'enfuit quand on l'appelle,
Comme le chien de Jean de Nivelle.

Ah! Ah! Ah! Oui vraiment...

4. Cadet Rousselle ne mourra pas,
Cadet Rousselle ne mourra pas;
Car avant de sauter le pas,
Car avant de sauter le pas.
On dit qu'il apprend l'orthographe,
Pour fair' lui-mêm' son épitaphe.

Ah! Ah! Ah! Oui vraiment...

If you have a friend to sing with, one of you sing the first and third lines and the other sing the second and fourth lines. Sing the rest together.

trois means *three*
maisons means *houses*
habits means *outfits*
chiens means *dogs*

Dansons la capucine

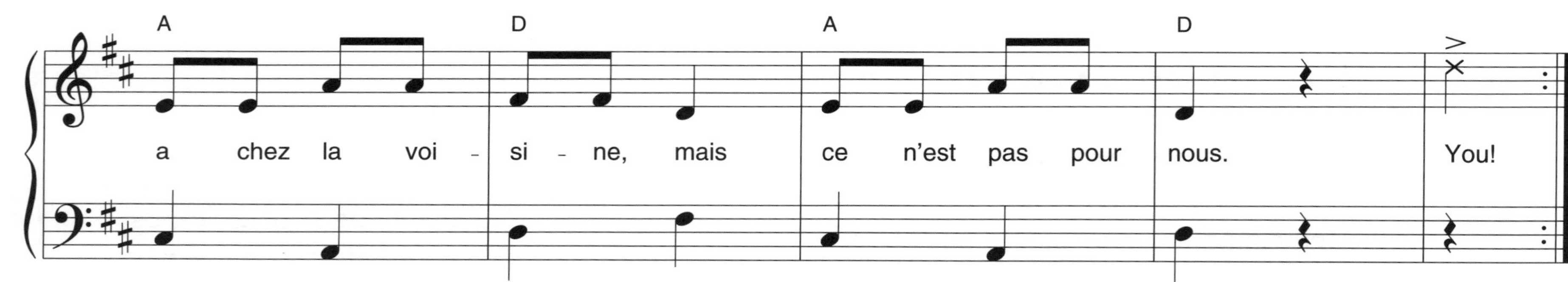

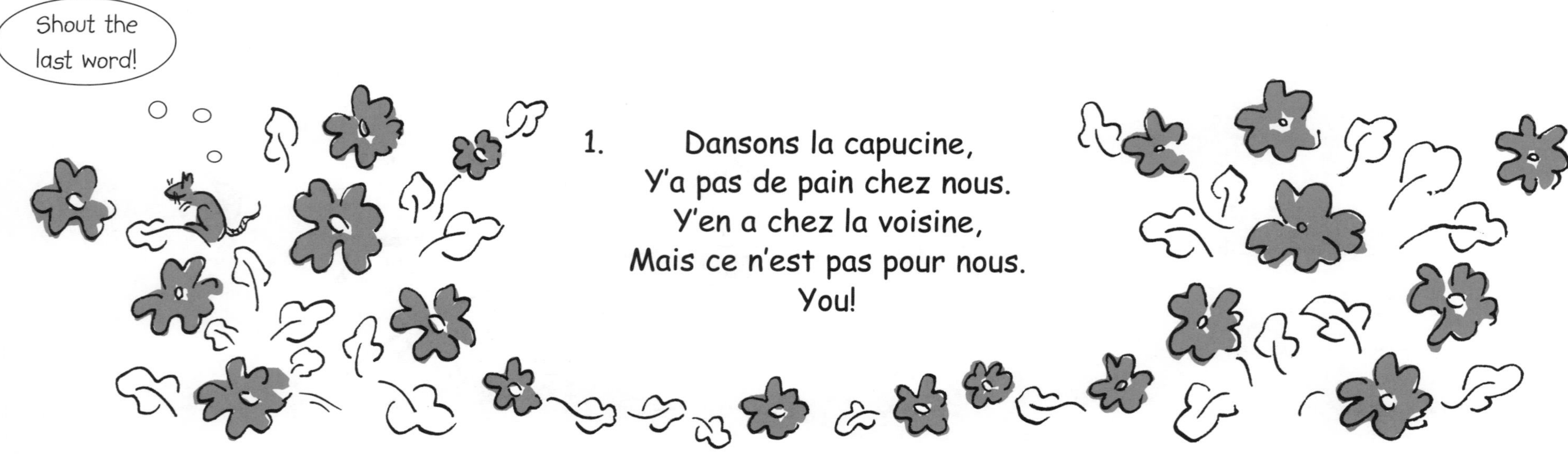

1. Dansons la capucine,
Y'a pas de pain chez nous.
Y'en a chez la voisine,
Mais ce n'est pas pour nous.
You!

pain means *bread*
vin means *wine*
feu means *fire*
sel means *salt*

2. Dansons la capucine,
Y'a pas de vin chez nous.
Y'en a chez la voisine,
Mais ce n'est pas pour nous.
You!

3. Dansons la capucine,
Y'a pas d'habits chez nous.
Y'en a chez la voisine,
Mais ce n'est pas pour nous.
You!

4. Dansons la capucine,
Y'a pas de feu chez nous.
Y'en a chez la voisine,
Mais ce n'est pas pour nous.
You!

5. Dansons la capucine,
Y'a pas de sel chez nous.
Y'en a chez la voisine,
Mais ce n'est pas pour nous.
You!

6. Dansons la capucine,
Y'a du plaisir chez nous!
On pleure chez la voisine,
On rit toujours chez nous.
You!

Sur le pont d'Avignon

Sur le pont d'Avignon
On y danse, on y danse,
Sur le pont d'Avignon
On y danse, tout en rond.

1. Les beaux messieurs font comme ça
   Et puis encore comme ça.

Sur le pont d'Avignon...

2. Les belles dames font comme ça
   Et puis encore comme ça.

Sur le pont d'Avignon...

comme ça means *like that*
encore means *again*

The title means "On the bridge at Avignon".

Fais dodo, Colas mon petit frère

Ah! Vous dirai-je, Maman

1. Ah! Vous dirai-je, maman,
Ce qui cause mon tourment?
Papa veut que je raisonne
Comme une grande personne.
Moi je dis que les bonbons
Valent mieux que la raison.

2. Quand trois poules vont aux champs,
La première va devant,
La deuxième suit la première,
La troisième vient la dernière.
Quand trois poules vont aux champs,
La première va devant.

bonbons means *sweets*
poules means *hens*

Savez-vous planter les choux

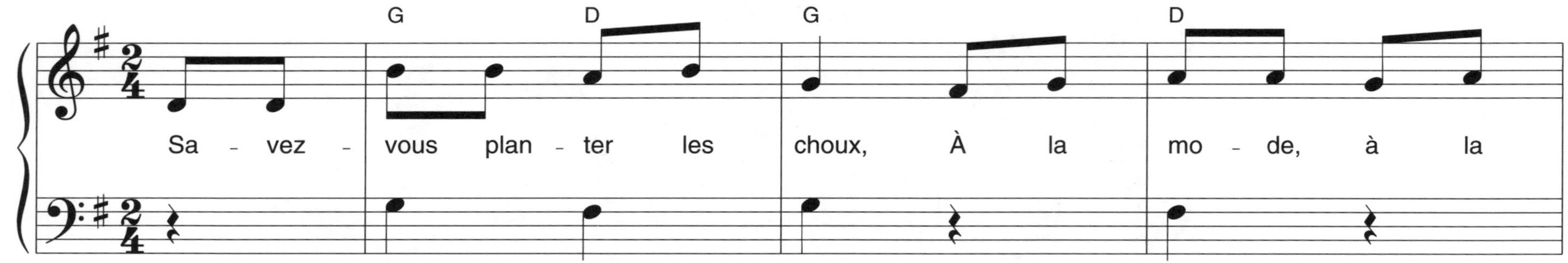

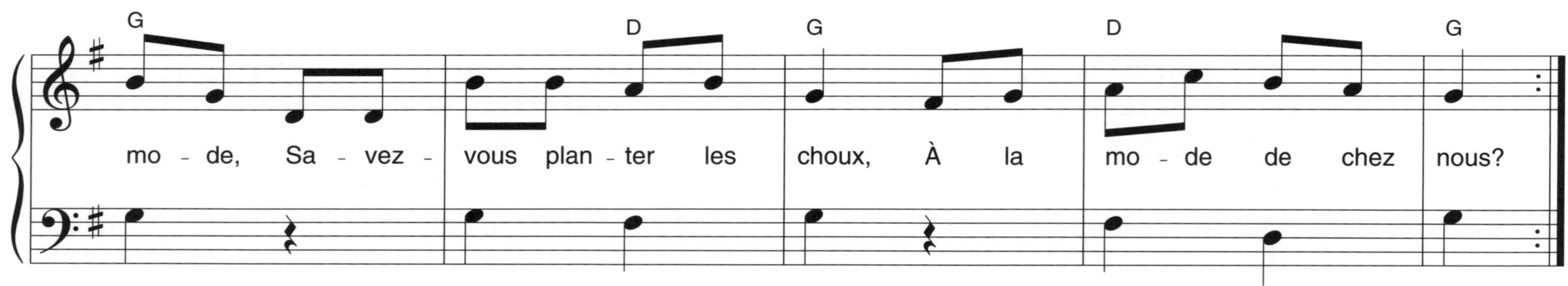

1. Savez-vous planter les choux,
À la mode, à la mode,
Savez-vous planter les choux,
À la mode de chez nous?

les choux means *cabbages*
chez means *home*

2. On les plante avec la main,
À la mode, à la mode,
On les plante avec la main,
À la mode de chez nous.

3. On les plante avec le pied,
À la mode, à la mode,
On les plante avec le pied,
À la mode de chez nous.

There are actions to go with this song. As you sing, point to the part of the body you are singing about.

4. On les plante avec le genou,
À la mode, à la mode,
On les plante avec le genou,
À la mode de chez nous.

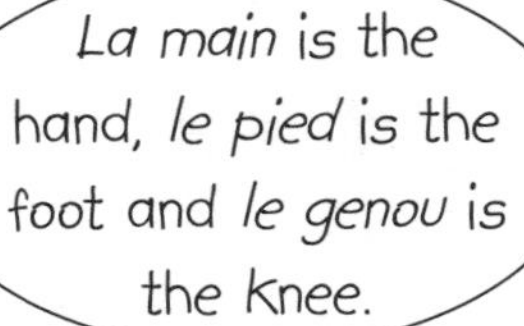

La main is the hand, *le pied* is the foot and *le genou* is the knee.

5. On les plante avec le coude,
À la mode, à la mode,
On les plante avec le coude,
À la mode de chez nous.

6. On les plante avec le nez,
À la mode, à la mode,
On les plante avec le nez,
À la mode de chez nous.

7. On les plante avec la tête,
À la mode, à la mode,
On les plante avec la tête,
À la mode de chez nous.

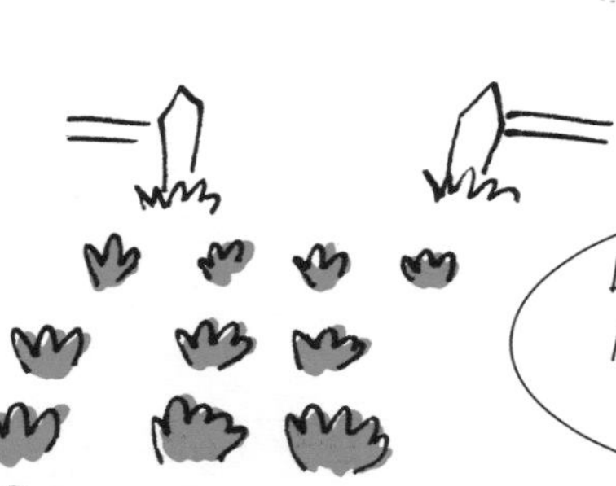

Le coude is the elbow, *le nez* is the nose and *la tête* is the head.

Auprès de ma blonde

Auprès De Ma Blonde is about a Dutch girl with blonde hair.

jardin means *garden*
tourterelle means *turtledove*
filles means *girls*

Auprès de ma blonde
Qu'il fait bon, fait bon, fait bon,
Auprès de ma blonde
Qu'il fait bon dormir.

1. Au jardin de mon père
Les lilas sont fleuris,
Au jardin de mon père
Les lilas sont fleuris.
Tous les oiseaux du monde
Viennent y faire leurs nids.

Auprès de ma blonde...

2. La caille, la tourterelle,
Et la jolie perdrix;
La caille, la tourterelle,
Et la jolie perdrix,
Et ma jolie colombe
Qui chante jour et nuit.

Auprès de ma blonde...

3. Qui chante pour les filles
Qui n'ont point de mari,
Qui chante pour les filles
Qui n'ont point de mari.
Pour moi ne chante guère,
Car j'en ai un joli.

Auprès de ma blonde...

4. Dites-nous donc, la Belle,
Où est votre mari?
Dites-nous donc, la Belle,
Où est votre mari?
Il est dans la Hollande,
Les Hollandais l'ont pris.

Auprès de ma blonde...

5. Que donneriez-vous, Belle,
Pour ravoir votre mari?
Que donneriez-vous, Belle,
Pour ravoir votre mari?
Je donnerais Versailles,
Paris et Saint-Denis.

Auprès de ma blonde...

6. Les tours de Notre-Dame,
Le clocher de mon pays,
Les tours de Notre-Dame,
Le clocher de mon pays,
Et ma jolie colombe
Qui chante jour et nuit.

Auprès de ma blonde...

Trois jeunes tambours

1. Trois jeunes tambours
S'en revenaient de guerre,
Trois jeunes tambours
S'en revenaient de guerre
Et ri et ran, ranpataplan,
S'en revenaient de guerre.

2. Le plus jeune a
Dans sa bouche une rose...

3. La fille du roi
Était à sa fenêtre...

4. Joli tambour,
Donnez-moi votre rose...

5. Joli tambour,
Donnez-moi votre coeur(e)...

6. Joli tambour,
Demandez à mon père...

7. Sire le roi,
Donnez-moi votre fille...

8. Joli tambour,
Tu n'es pas assez riche...

9. J'ai trois vaisseaux
Dessus la mer jolie...

10. L'un chargé d'or,
L'autre de pierreries...

11. Et le troisième
Pour promener ma mie...

12. Joli tambour,
Je te donne ma fille...

13. Sire le roi,
Je vous en remercie...

14. Dans mon pays,
Y'en a de plus jolies...

For each verse, sing lines one and two twice. Then sing 'Et ri et ran, ranpataplan', and end by singing line two again. Look at how the first verse works to make sure you're doing it right.

jeunes means *young*
tambours means *drummers*
guerre means *war*

Il pleut, bergère

il pleut means *it's raining*
bonsoir means *good evening*
soeur means *sister*

1. Il pleut, il pleut bergère,
Rentre tes blancs moutons.
Allons à la chaumière,
Bergère, vite allons.
J'entends sous le feuillage
L'eau qui tombe à grand bruit.
Voici venir l'orage,
Voici l'éclair qui luit.

2. "Bonsoir, bonsoir, ma mère!
Ma soeur Anne, bonsoir.
J'amène ma bergère
Près de vous pour ce soir.
Va te sécher, ma mie,
Auprès de nos tisons!
Soeur, fais-lui compagnie!
Entrez, petits moutons!"

Dodo, l'enfant do